O gato ratudo e o rato gatudo

Texto de Thais Evangelista e Frederico Brito

Ilustrações de George Lopes

Copyright do texto © 2021 Thais Evangelista e Frederico Brito
Copyright das ilustrações © 2021 George Lopes

Direção e curadoria	Fábia Alvim
Gestão comercial	Rochelle Mateika
Gestão editorial	Felipe Augusto Neves Silva
Direção de arte	Matheus de Sá
Diagramação	Luisa Marcelino
Revisão	Samantha Luz

Dados Internacionais de Catalogação na Publicação (CIP) de acordo com ISBD

B862g Brito, Frederico

O gato ratudo e o rato gatudo / Frederico Brito, Thais Evangelista ; ilustrado por George Lopes.- São Paulo, SP : Saíra Editorial, 2021.
32 p. : il. ; 21cm x 24cm.

ISBN: 978-65-86236-16-3

1. Literatura infantil. I. Evangelista, Thais. II. Lopes, George. III. Título.

2021-449

CDD 028.5
CDU 82-93

Elaborado por Vagner Rodolfo da Silva - CRB-8/9410

Índice para catálogo sistemático:
1. Literatura infantil 028.5
2. Literatura infantil 82-93

Todos os direitos reservados à

Saíra Editorial
Rua Doutor Samuel Porto, 396
Vila da Saúde –04054-010 –São Paulo, SP
Tel.: (11) 5594-0601 | (11) 9 5967-2453
www.sairaeditorial.com.br | editorial@sairaeditorial.com.br

Dedico este trabalho artístico, primeiro, a quem sempre me capacitou e cuidou de mim: meu Deus; e também à minha filhinha Esther, que me inspira e me motiva a mergulhar no mundo da fantasia em busca de expressões artísticas inusitadas.
GEORGE

Para os roedores de livros e ronronadores de histórias.
THAIS E FREDERICO

Era uma vez um gato ratudo,
de rabo pelado e focinho pontudo.
Não miava nem ronronava
e com lasquinhas de queijo se deliciava.

Era uma vez um rato gatudo,
ratinho fajuto e bem bigodudo.
Saía da toca para vadiar na rua,
subia no telhado para admirar a lua.

O gato ratudo tinha gosto refinado:
não bebia leite, aquele folgado.
Gorgonzola, parmesão,
roquefort...
era queijo demais
para um gato só!

De miar o felino não tinha costume.
Já para ronronar, aumentava o volume.
Não se sentia bem na pele de gato,
pois assim não se via, era fato.

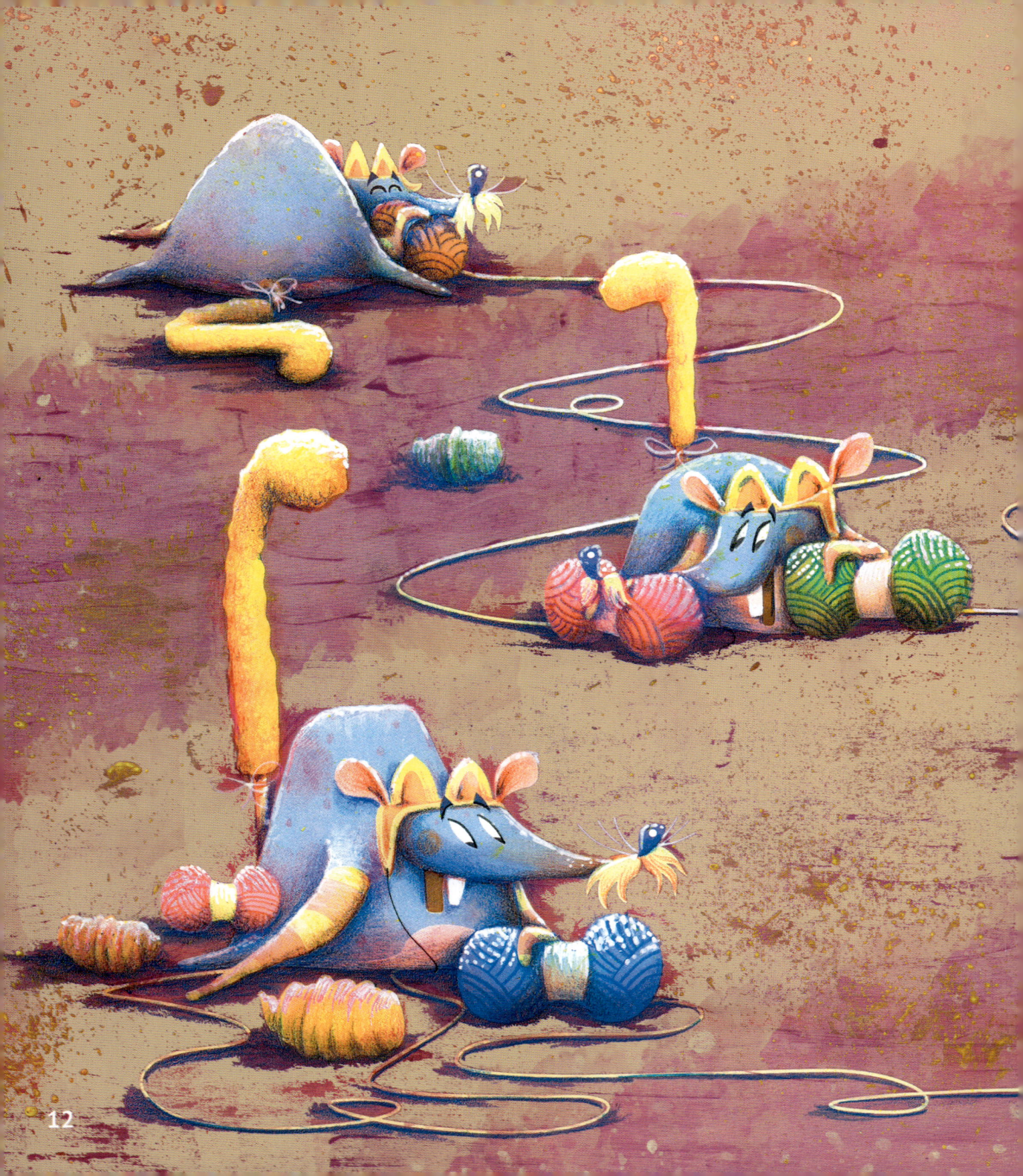

Já o rato gatudo brincava à beça:
deitava e rolava, à toa, sem pressa.
Bolas de meia, novelos de lã...
o falso bichano se achava um galã!

Não entendia o pavor que causava nas pessoas de quem se aproximava. Sonhava em receber mimo e carinho, mas o coitado do rato vivia sozinho...

Até que um dia a dupla chamou atenção.
Ninguém compreendia aquela situação:

— Como pode um gato querer ser um rato?
— Como pode um rato querer ser um gato?

Preocupado com o que poderia acontecer,
o gato ratudo foi com o rato gatudo ter.
Os dois bichos conversaram à exaustão,
dispostos a resolver a inusitada questão.

Selaram um acordo
e fizeram um trato:
o gato seria rato,
o rato seria gato!

Mas o gato ratudo, agindo com nobreza,
alertou o amigo com bastante clareza:
— Tome leite e decisões precavidas.
Não se fie nas suas sete vidas!

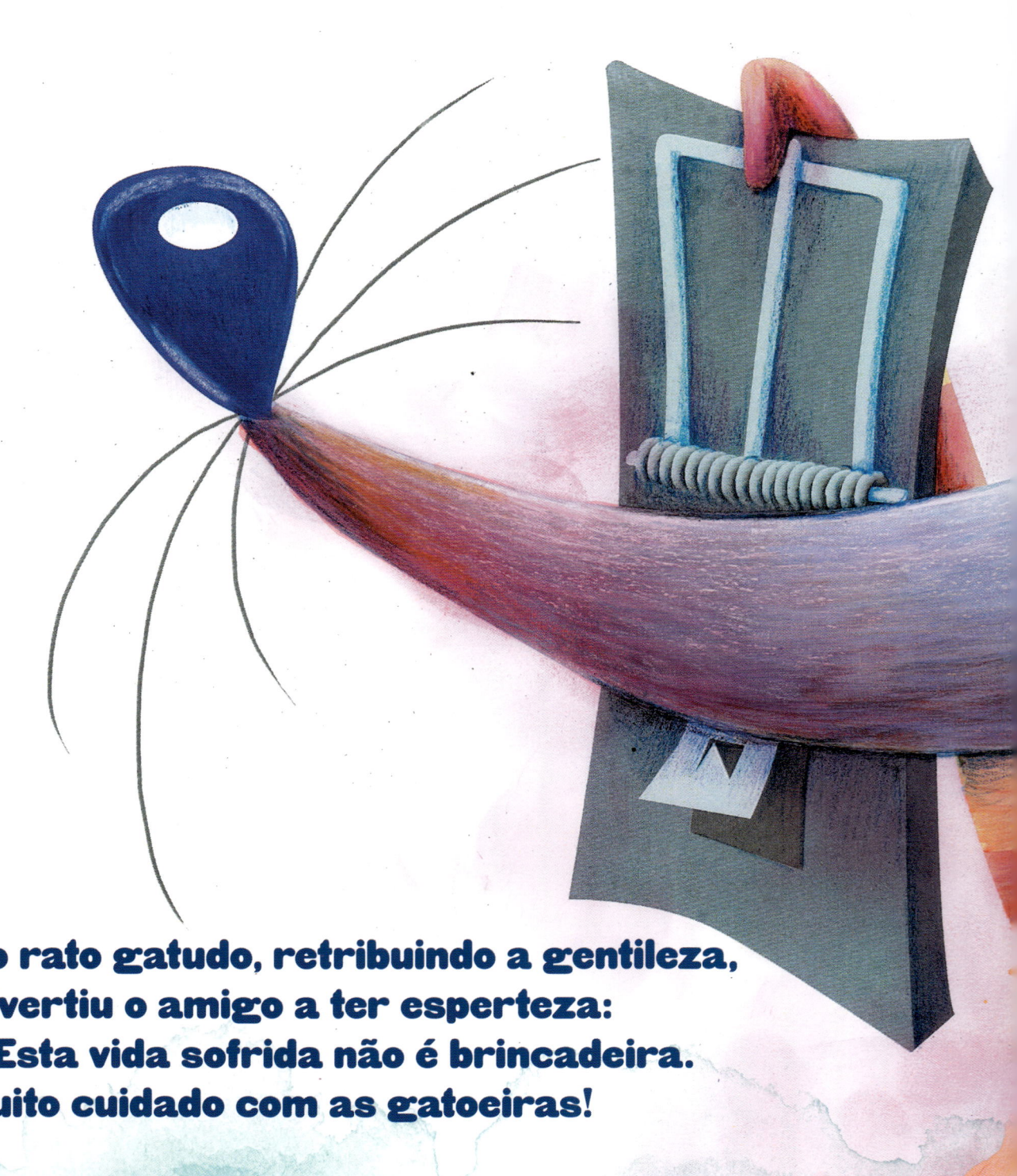

E o rato gatudo, retribuindo a gentileza,
advertiu o amigo a ter esperteza:
— Esta vida sofrida não é brincadeira.
Muito cuidado com as gatoeiras!

Depois de toda aquela conversa,
o gato concordou com o rato e vice-versa.
Ambos voltaram para casa contentes.
Afinal, que mal há em ser diferente?

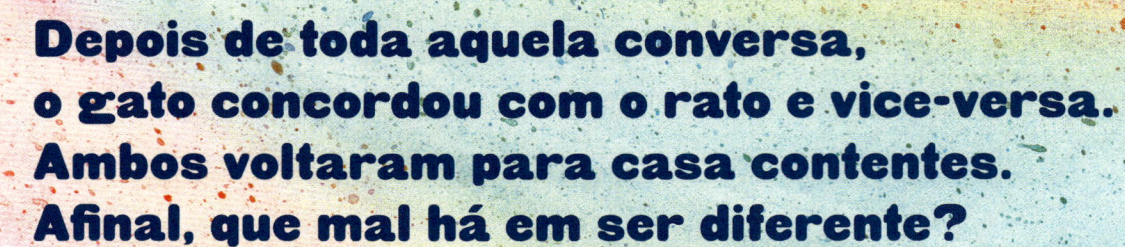

Sobre os autores

Thais Evangelista nasceu em 1978, em Tianguá, interior do Ceará, e cresceu em uma casa repleta de literatura e brincadeiras. Na infância, inventava suas próprias histórias para presentear a mãe. Hoje, tem em Frederico um parceiro literário e de vida. Adora cheirinho de livro novo, cadeira de balanço, chocolate quente, tempo frio e céu nublado. Ama receber fotos, cartinhas, desenhos e mensagens de seus leitores.

Frederico Brito nasceu em 1973, em Fortaleza, e adora escrever para a infância. Foi sua inseparável companheira Thais que o encorajou a embarcar nesta aventura, e acabaram chegando juntos até aqui. Seus filhos Lauro, Theo e Benício participam do processo criativo com ideias e críticas que os dois levam muito a sério. Fica feliz em ver suas histórias transformadas em livros, porque fazem parte do imaginário das crianças de todas as idades.

Sobre o ilustrador

George Lopes nasceu em 1982, em Itapetinga, na Bahia, mas mora em Salvador há mais de 20 anos. É graduado em Design pela Universidade Federal da Bahia e trabalha com artes visuais desde adolescente. Sempre esteve envolvido com criação artística para o mercado publicitário, editorial e audiovisual. Atualmente, vem se dedicando a ilustração de livros infantojuvenis, utilizando técnicas tradicionais e sempre misturando todo tipo de material artístico em suas composições, sejam elas pinturas, desenhos, recortes ou colagens. Trabalha também com produção videográfica e criação de identidades visuais para diversos produtos da TV Bahia, afiliada da Rede Globo no estado.

Esta obra foi composta em HWT Gothic Round e PT Sans
e impressa pela Color System em offset sobre
papel couché fosco 150 g/m² para a Saíra Editorial
em abril de 2021